AF124150

www.ingramcontent.com/pod-product-compliance
Lightning Source LLC
LaVergne TN
LVHW010423070526
838199LV00064B/5397
* 9 7 8 9 3 5 8 7 2 5 9 1 9 *

کچھ محدثین کے حالات

(مضامین)

شیخ عزیز اللہ

© Shaikh Azeezullah

Kuch Muhaddisiin ke Haalaat (Essays)

by: Shaikh Azeezullah

Edition: April '2024

Publisher :

Taemeer Publications LLC (Michigan, USA / Hyderabad, India)

ISBN 978-93-5872-591-9

مصنف یا ناشر کی پیشگی اجازت کے بغیر اس کتاب کا کوئی بھی حصہ کسی بھی شکل میں بشمول ویب سائٹ پر اَپ لوڈنگ کے لیے استعمال نہ کیا جائے۔ نیز اس کتاب پر کسی بھی قسم کے تنازع کو نمٹانے کا اختیار صرف حیدرآباد (تلنگانہ) کی عدلیہ کو ہوگا۔

© شیخ عزیز اللہ

کتاب	:	**کچھ محدثین کے حالات** (مضامین)
مصنف	:	**شیخ عزیز اللہ**
پروف ریڈنگ / تدوین	:	اعجاز عبید
صنف	:	غیر افسانوی نثر
ناشر	:	تعمیر پبلی کیشنز (حیدرآباد، انڈیا)
سالِ اشاعت	:	۲۰۲۴ء
صفحات	:	۳۲
سرورق ڈیزائن	:	تعمیر ویب ڈیزائن

فہرست

(۱)	محدثین عظام امام بخاری رحمۃ اللہ علیہ	6
(۲)	امام ترمذی رحمۃ اللہ علیہ	10
(۳)	امام ابوالحسن دارقطنی رحمۃ اللہ علیہ	13
(۴)	امام زہری رحمۃ اللہ علیہ	16
(۵)	حضرت ہدبہ بن خالد رحمۃ اللہ علیہ	18
(۶)	امام اسحاق بن راہویہ رحمۃ اللہ علیہ	19
(۷)	حضرت شاہ عبدالعزیز محدث دہلویؒ	21
(۸)	امام ازہر سمان رحمۃ اللہ علیہ	26
(۹)	امام ابوزرعہ رحمۃ اللہ علیہ	28
(۱۰)	حضرت ابراہیم بن ابی رحمۃ اللہ علیہ	30
(۱۱)	مولانا فرخ شاہ سرہندی رحمۃ اللہ علیہ	31
(۱۲)	امام اسحاق بن بہلول رحمۃ اللہ علیہ	32

محدثین عظام امام بخاری رحمۃ اللہ علیہ

حافظ ابو احمد اعمش بیان کرتے ہیں کہ: "ایک مرتبہ نیشاپور کی ایک مجلس میں امام مسلم بن حجاج، امام بخاری سے ملنے آئے۔ دوران مجلس کسی شخص نے یہ حدیث شریف پڑھی...

"عن ابن جریع عن موسیٰ بن عقبۃ عن اسماعیل بن ابی صالح عن ابیہ عن ابی ھریرہ عن النبی ﷺ قال کفارۃ المجلس اذا قام العبد ان یقول سبحانک اللھم وبحمدک اشھد ان لا الہ الا انت ستغفرک واتواب الیک۔"

(ابن جرتح روایت کرتے ہیں موسیٰ بن عقبہ سے وہ روایت کرتے ہیں اسماعیل بن ابی صالح سے وہ روایت کرتے ہیں حضرت ابو ہریرہ سے کہ رسول اللہ ﷺ نے فرمایا کہ: مجلس کا کفارہ یہ ہے کہ جب بندہ کھڑا ہو تو وہ یہ کہے... "اے اللہ! تیری ذات پاک ہے اور تیرے ہی لئے تعریف ہے اور میں گواہی دیتا ہوں کہ تیرے سوا کوئی معبود نہیں۔ میں استغفار کرتا ہوں تجھ سے اور تیری بارگاہ میں توبہ کرتا ہوں۔")

امام مسلم رحمۃ اللہ علیہ نے اس حدیث کو سن کر کہا: "سبحان اللہ! کس قدر عمدہ حدیث ہے۔ دنیا میں اس کا ثانی نہیں ہے۔ یعنی یہ حدیث صرف اسی سند سے پائی جاتی ہے۔ پھر امام بخاری سے پوچھا کیا آپ کو اس حدیث کی کسی اور سند کا علم ہے؟"

امام بخاری نے فرمایا: "ہاں! لیکن وہ سند معلول ہے۔"

امام مسلم نے درخواست کی کہ مجھے وہ سند بتلائیں۔

امام بخاری نے فرمایا: ''جس چیز کو اللہ تعالیٰ نے ظاہر نہیں کیا، تو اسے مخفی ہی رہنے دو۔''

امام مسلم نے اٹھ کر امام بخاری کے سر کو بوسہ دیا اور اس عاجزی سے مطالبہ کیا کہ اگر امام بخاری نہ بتلاتے تو قریب تھا کہ امام مسلم آبدیدہ ہو جاتے۔ بالآخر امام بخاری نے فرمایا اگر نہیں مانتے تو لکھو: ''حدثنا موسیٰ بن اسماعیل حدثنا وھیب حدثنا موسیٰ بن عقبۃ عن عون بن عبد اللہ قال قال رسول اللہ ﷺ کفارۃ المجلس الحدیث۔''

(''ہم سے حدیث بیان کی موسیٰ بن اسماعیل نے انھوں نے حدیث بیان کی وھیب سے انھوں نے حدیث بیان کی موسیٰ بن عقبہ سے انھوں نے روایت کی عون بن عبد اللہ سے کہ حضور ﷺ نے فرمایا کہ: مجلس...'')

حضرت امام مسلم اس حدیث کو سن کر بے حد مسرور ہوئے اور بے اختیار کہنے لگے: ''اے امام! میں شہادت دیتا ہوں کہ دنیا میں کوئی شخص آپ کا مماثل نہیں ہے اور جو شخص آپ سے بغض رکھے وہ حاسد کے سوا اور کچھ نہیں ہو گا۔''

(تذکرۃ المحدثین، ص:۱۸۰)

امام بخاری علیہ الرحمہ کی قوت حفظ بیان کرنے کے لئے یہ امر کافی ہے کہ جس کتاب کو وہ ایک نظر دیکھ لیتے تھے وہ انھیں فوراً حفظ ہو جاتی تھی۔ تحصیل علم کے ابتدائی دور میں انھیں ستر ہزار احادیث حفظ تھیں۔ بعد میں جا کر یہ عدد تین لاکھ تک پہنچ گیا۔ جن میں سے ایک لاکھ احادیث صحیح اور دو لاکھ غیر صحیح تھیں۔ ایک مرتبہ آپ بلخ گئے تو وہاں کے لوگوں نے فرمائش کی کہ آپ اپنے شیوخ سے ایک ایک روایت بیان کریں تو آپ نے ایک ہزار شیوخ سے ایک ہزار احادیث زبانی بیان کر دیں۔

سلیمان بن مجاہد کہتے ہیں کہ ایک دن میں محمد بن سلام بیکندی کی مجلس میں بیٹھا ہوا تھا۔ محمد بن سلام نے کہا: ”اگر تم کچھ دیر پہلے میرے پاس آتے تو میں تم کو وہ بچہ دکھلاتا جسے ستر ہزار احادیث یاد ہیں۔“ سلیمان نے اس مجلس سے اٹھ کر امام بخاری کی تلاش شروع کر دی۔ بالآخر سلیمان نے امام بخاری کو ڈھونڈ نکالا اور پوچھا کیا تم ہی وہ شخص ہو جس کو ستر ہزار احادیث حفظ ہیں۔

امام بخاری نے کہا: ”مجھے اس سے بھی زیادہ احادیث یاد ہیں اور میں جن صحابہ کرام سے احادیث روایت کرتا ہوں، ان میں سے اکثر کی ولادت اور وفات کی تاریخ اور ان کی جائے سکونت پر اطلاع رکھتا ہوں۔ نیز میں کسی حدیث کو روایت نہیں کرتا، مگر کتاب اور سنت سے اس کی اصل پر واقفیت رکھتا ہوں۔ (تذکرۃ المحدثین، ص:۱۷۵، محدثین عظام اور ان کے علمی کارنامے، ص:۱۱۶)

امام بخاری رحمۃ اللہ علیہ کو احادیث یاد کرنے کا شوق بچپن ہی سے تھا۔ آپ کا حافظہ بے حد قوی تھا۔ چنانچہ دس سال ہی کی عمر میں آپ کا یہ حال تھا کہ مکتب میں جو حدیث سنتے اس کو یاد کر لیتے۔

مکتب سے فراغت پانے کے بعد پتہ چلا کہ امام داخلی رحمۃ اللہ علیہ بہت بڑے عالم حدیث ہیں تو آپ ان کی خدمت میں آنے جانے لگے۔ ایک روز کا واقعہ ہے کہ امام داخلی اپنی کتابوں سے لوگوں کو احادیث سنا رہے تھے کہ ان کی زبان سے نکلا: ”سفیان عن ابی الزبیر عن ابراھیم۔“ تو امام بخاری فوراً بول اٹھے کہ ابوالزبیر تو ابراھیم سے روایت نہیں کرتے۔

امام داخلی نے امام بخاری کی بات کو تسلیم نہیں کیا تو امام بخاری نے کہا کہ کتاب کے اصل نسخے میں دیکھنا چاہیے۔ چنانچہ امام داخلی نے مکان میں جا کر نسخہ کا مطالعہ کیا اور پھر

باہر آکر فرمایا کہ اس لڑکے کو بلاؤ۔ امام بخاری حاضر ہوئے تو امام داخلی نے فرمایا کہ میں نے اس وقت جو پڑھاتا تھا وہ تو بے شک غلط تھا۔ اچھا! اب تم بتاؤ کہ صحیح کس طرح ہے؟ تو امام بخاریؒ نے عرض کیا کہ صحیح: ''سفیان عن الزبیر بن عدی عن ابراہیم'' ہے۔

امام داخلی حیران رہ گئے اور فرمایا کہ واقعی تم سچ کہتے ہو۔ پھر قلم اٹھا کر اپنی کتاب کی تصحیح کرلی۔ یہ واقعہ اس وقت کا ہے جب کہ امام بخاری کی عمر صرف گیارہ سال کی تھی۔

(اولیائے رجال الحدیث، ص:۹۳)

جب امام بخاریؒ کی عمر سولہ برس کی ہوئی تو آپ نے عبداللہ بن مبارک کی تمام کتابیں یاد کرلیں اور محدث وکیع کے تمام نسخے بھی ازبر کر ڈالے۔ پھر اپنی والدہ اور اپنے بھائی احمد بن اسماعیل کے ہمراہ حج کے لئے روانہ ہوئے۔

حج سے فراغت ہوئی تو والدہ اور بھائی وطن واپس چلے آئے اور خود بلاد حجاز میں طلب حدیث کے لئے ٹھہر گئے اور تمام علمی مرکزوں کا سفر کر کے ایک ہزار اسی شیوخ کی خدمتوں میں حاضری دے کر چھ لاکھ حدیثوں کو زبانی یاد کرلیا۔

علم حدیث کی طلب میں آپ نے مکہ مکرمہ، مدینہ منورہ، بصرہ، کوفہ، مصر، واسط، الجزائر، شام، بلخ، بخارا، سرو، ہرات اور نیشاپور وغیرہ علمی مرکزوں کا بار بار سفر فرمایا۔ (اولیائے رجال الحدیث، ص:۹۴)

امام بخاریؒ علم و فضل کے ساتھ ساتھ بے حد متقی اور پرہیزگار تھے۔ وہ حد درجہ محتاط اور تہمت کے محل سے دور رہنے والے تھے۔

***

امام ترمذی رحمۃ اللہ علیہ

(ولادت:۲۰۹ھ۔وفات:۲۷۹ھ)

امام ترمذی کی کنیت ابو عیسیٰ اور اسم گرامی محمد بن عیسیٰ ہے۔ترمذ میں پیدا ہوئے اسی لئے ترمذی کے نام سے مشہور و معروف ہیں۔ امام ابو عیسیٰ ترمذی عابد و زاہد، بے مثال حافظہ کے مالک اور یگانہ روزگار محدث تھے۔

ادریسی نے کہا: ابو عیسیٰ ترمذی ان ائمہ میں سے ہیں جن کی علم حدیث میں پیروی کی جاتی ہے۔ انھوں نے جامع تواریخ اور علل کی تصنیف کی۔ وہ ایک ثقہ (قابل اعتماد) عالم تھے اور ایسا حافظہ رکھتے تھے کہ لوگ حفظ میں ان کی مثال دیا کرتے تھے۔ امام ترمذی بے حد عبادت گزار اور پرسوز دل کے مالک تھے۔ یوسف بن احمد بغدادی بیان کرتے ہیں کہ کثرت گریہ وزاری کے سب وہ اخیر عمر میں نابینا ہو گئے تھے۔ (تذکرۃ المحدثین:۲۳۹)

امام ترمذی رحمۃ اللہ علیہ غضب کا حافظہ رکھتے تھے۔ ان کی قوت حفظ سے متعلق ایک واقعہ عام تذکرہ نگاروں نے نقل کیا ہے۔

خود امام ترمذی بیان کرتے ہیں کہ: ”میں نے ایک شیخ سے ان کی احادیث کے دو جز نقل کئے تھے۔“ ایک مرتبہ مکہ معظمہ کے سفر میں وہ میرے ہمراہ تھے۔ مجھے اب تک ان اجزاء کی دوبارہ جانچ پڑتال کا موقع نہیں ملا تھا۔ میں نے شیخ سے درخواست کی کہ آپ ان احادیث کی قرأت کریں اور میں سن کر ان کا مقابلہ کرتا جاؤں۔ شیخ نے منظور فرمالیا۔ پھر میں نے ان اجزاء کو اپنے سامان میں تلاش کیا، مگر وہ نہ مل سکے۔ بالآخر میں نے

ان اجزا کی مثل سادہ کاغذ اپنے ہاتھوں میں پکڑ لئے اور شیخ سے قرأت کی درخواست کی۔

شیخ قرأت کرتے رہے اور میں اپنے ذہن میں ان احادیث کو محفوظ کرتا رہا۔ اتفاقاً شیخ کی نظر ان سادہ کاغذوں پر پڑ گئی تو وہ ناراض ہو کر کہنے لگے: ''تم مجھ سے مذاق کرتے ہو۔''

میں نے سارا ماجرا سنا کر اپنا عذر پیش کیا اور کہا کہ آپ کی سنائی ہوئی تمام احادیث مجھے حفظ ہو گئی ہیں۔ شیخ نے کہا سناؤ۔ میں نے وہ تمام احادیث من وعن سنا دیں۔

شیخ نے دوبارہ امتحان لینے کے لئے چالیس ایسی احادیث پڑھیں جو صرف ان سے روایت کی جاتی تھیں۔ امام ترمذی نے ان احادیث کو بھی اسی طرح ترتیب وار سنا دیا۔ اس پر شیخ نے انھیں تحسین و آفرین کرتے ہوئے بے اختیار کہا: ''مارایت مثلک'' میں نے تمہاری مثل آج تک کسی کو نہ دیکھا۔''

(تذکرۃ المحدثین، ص:۲۴۲، محدثین عظام اور ان کے علمی کارنامے، ص:۱۸۵، تذکرۃ المحدثین حصہ اول، ص:۳۱۹)

امام ترمذی فرماتے ہیں کہ: ''میں نے یہ کتاب (جامع ترمذی) عراق، حجاز اور خراسان کے علماء کے سامنے پیش کی'' ، انھوں نے پسند کیا اور کہا: ''من کان فی بیتہ ھذا الکتاب فکانما فی بیتہ نبی یتکلم۔'' جس کسی گھر میں یہ کتاب ہو گویا اس کے گھر میں رسول ہیں جو گفتگو کرتے ہیں۔

(حدیث کا تعارف، ص:۹۳)

امام ترمذی، امام بخاری کے شاگرد تھے۔ نصر بن محمد خود امام ترمذی سے روایت کرتے ہیں کہ ایک دن امام بخاری نے ان سے کہا کہ تم نے مجھ سے اس قدر استفادہ نہیں کیا، جتنا استفادہ میں نے تم سے کیا ہے۔

عمران بن علان نے کہا کہ: ''امام محمد بن اسماعیل بخاری نے فوت ہونے کے بعد اہل خراسان کے لئے علم و عمل میں امام ترمذی جیسا کوئی شخص نہیں چھوڑا۔'' (تذکرۃ المحدثین، ص: ۲۳۹)

٭ ٭ ٭

امام ابو الحسن دار قطنی رحمۃ اللہ علیہ

(ولادت:۳۰۶ھ۔وفات:۳۸۵ھ)

امام ابو الحسن علی بن عمر دار قطنی، دار قطن کے رہنے والے تھے۔ یہ بغداد کا ایک محلہ تھا۔ عربی میں قطن روئی کو کہتے ہیں۔ یہ محلہ روئی کی منڈی تھی۔

معرفت علل، اسماء رجال اور معرفت رواۃ میں دار قطنی کو بلند مقام حاصل تھا۔ دوسرے علوم خاص طور سے قرآن اور فقہاء کے مذہب اور ان کے اختلافات سے انھیں اچھی واقفیت حاصل تھی۔ شعر و ادب پر عبور رکھتے تھے۔ عرب کے بہت سے دواوین انہیں حفظ تھے۔ ابو طیب حدیث میں دار قطنی کو امیر المومنین کہتے تھے۔ (حدیث کا تعارف، ص:۱۱۴،۱۱۵)

امام دار قطنی کا حافظہ غیر معمولی اور بے نظیر تھا۔ نہ صرف احادیث بلکہ دوسرے علوم کا بھی ان کا سینہ مخزن تھا۔ بعض شعرا کے دواوین بھی ان کو ازبر تھے قدیم عربوں کی طرح وہ تحریر و کتابت کی بجائے اکثر اپنے حافظہ سے ہی کام لیتے تھے۔ اپنے تلامذہ کی کتابیں زبانی املا کراتے تھے۔ تذکرہ نگاروں نے ان کو ”الحافظ الکبیر، الحافظ المشہور، کان عالماً حافظ“ وغیرہ لکھا ہے۔

ذہبی نے ان کو ”حافظ الزماں“ کہا ہے۔

حاکم فرماتے ہیں کہ وہ ”حافظے میں یکتائے روزگار تھے۔“

سمعانی کا بیان ہے کہ: ”دار قطنی کا حافظہ ضرب المثل تھا۔“

علامہ ابن جوزی رقم طراز ہیں کہ: ”وہ (دار قطنی) حافظہ میں منفرد اور یگانۂ عصر تھے۔“

حافظ ابن کثیر لکھتے ہیں کہ ”بچپن ہی سے دار قطنی اپنے نمایاں اور غیر معمولی حافظہ کے لئے مشہور تھے۔“

ابو الطیب طاہر طبری کا بیان ہے کہ ”بغداد میں جو بھی حافظ حدیث آتا وہ امام دار قطنی کی خدمت میں ضرور حاضر ہوتا اور اس کے بعد اس کے لئے ان کی علمی بلند پایگی اور حافظہ میں برتری اور تقدم کا اعتراف کرنا لازمی ہو جاتا۔“

ان کے حافظہ اور ذہانت کا یہ حال تھا کہ ایک ہی نشست میں ایک ہی روایت کی بیس بیس سندیں برجستہ بیان کر دیتے تھے۔

حافظ ذہبی نے اس طرح کے ایک واقعہ کو نقل کرنے کے بعد لکھا ہے کہ اس کو دیکھ کر دار قطنی کی بے پناہ ذہانت، قوت حافظہ اور غیر معمولی فہم و معرفت کے سامنے سرنگوں ہو جانا پڑتا ہے۔

شباب کے زمانے میں ایک روز وہ اسماعیل صفار کے درس میں شریک ہوئے وہ کچھ حدیثیں املا کروا رہے تھے۔ امام دار قطنی کے پاس کوئی مجموعہ حدیث تھا، یہ بیک وقت اس کو نقل بھی کرتے جاتے تھے اور صفار سے حدیثیں بھی سن رہے تھے۔ اس پر کسی شریک مجلس نے ان کو ٹوکا اور کہا، تمہارا سمع صحیح اور معتبر نہیں ہو سکتا۔ کیونکہ تم لکھنے میں مشغول ہو اور شیخ کی مرویات کو ٹھیک سے سمجھنے اور سننے کی کوشش نہیں کر رہے ہو۔

امام دار قطنی نے جواب دیا کہ: ”املا کو سمجھنے میں میرا طریقہ آپ سے مختلف ہے۔ کیا آپ بتا سکتے ہیں کہ حضرت شیخ نے اب تک کتنی حدیثیں املا کرائی ہیں؟“ اس شخص نے نفی میں جواب دیا۔

تو آپ نے فرمایا کہ: "اب تک اٹھارہ حدیثیں املا کرائی ہیں۔ شمار کرنے پر وہ واقعی اٹھارہ ہی نکلیں۔ پھر آپ نے ایک ایک حدیث کو بے تکلف بیان کر دیا اور اسناد متون میں وہی ترتیب بھی قائم رکھی جو شیخ نے بیان کی تھی۔ پورا مجمع اس حیرت انگیز ذہانت اور غیر معمولی حافظہ کو دیکھ کر دنگ رہ گیا۔ (تذکرۃ المحدثین، حصہ دوم، ص:۷۵)

٭ ٭ ٭

امام زہری رحمۃ اللہ علیہ

محدثین کے ہاں امام ابو بکر محمد بن مسلم بن شہاب زہری رحمۃ اللہ علیہ کا جو درجہ ہے وہ محتاج بیان نہیں۔ وہ جلیل القدر تابعی اور عظیم الشان محدث و فقیہ تھے۔ قوت یاد داشت بلا کی پائی تھی۔ صرف اسی دنوں میں قرآن مجید حفظ کر لیا تھا۔

حافظ ابن کثیر نے اپنی مشہور کتاب "البدایہ والنہایہ" میں لکھا ہے کہ: "بنو امیہ کے مشہور سربراہ ہشام بن عبد الملک نے امام زہری رحمۃ اللہ علیہ سے درخواست کی کہ میرے لڑکوں کے لئے کچھ احادیث مبارکہ قلم بند کر دیجئے۔ امام زہری نے منشی کو چار سو حدیثیں املا کرائیں اور ہشام کو بھجوا دیں۔ پھر باہر تشریف لائے اور محدثین کو ان احادیث کا درس دیا۔"

چند دنوں کے بعد ہشام نے (از راہ امتحان) امام زہری سے کہا کہ وہ آپ کی چار سو احادیث والی دستاویز تو ضائع ہو گئی ہے۔ از راہ کرم دوبارہ لکھوا دیجئے۔ امام زہری رحمۃ اللہ علیہ نے فرمایا کہ: "کوئی مضائقہ نہیں پھر منشی کو بلا کر وہی چار سو احادیث لکھوا دیں۔"

ہشام دوسری کتاب کے ملنے پر پہلی کتاب نکال لایا اور دونوں کا مقابلہ کیا۔ واقعہ بیان کرنے والا کہتا ہے کہ دونوں میں ایک حرف کا بھی فرق نہ تھا۔

امام زہری رحمۃ اللہ علیہ نے دونوں مرتبہ محض اپنے حافظے کی مدد سے یہ احادیث

لکھوائی تھیں اور کسی تحریری یادداشت سے مدد نہیں لی تھی۔ (نورانی حکایات[المجمع المصباحی]ص:۱۸۴)

***

حضرت ہدبہ بن خالد رحمۃ اللہ علیہ

مشہور محدث ہدبہ بن خالد کو خلیفہ بغداد مامون رشید نے اپنے دستر خوان پر مدعو کیا۔ کھانے سے فارغ ہونے کے بعد جب دستر خوان اٹھا گیا تو طعام کے چند دانے جو زمین پر گر گئے تھے، محدث موصوف نے اٹھا اٹھا کر کھانا شروع کر دیا۔

مامون نے حیران ہو کر کہا کہ: ”اے شیخ! کیا آپ ابھی آسودہ نہیں ہوئے؟“

آپ نے فرمایا: کیوں نہیں! لیکن مجھ سے ”حماد بن سلمہ“ نے ایک حدیث فرمائی ہے کہ ”جو شخص دستر خوان سے نیچے گرے ہوئے دانوں کو چن چن کر کھائے گا، وہ مفلسی اور فاقہ کشی سے بے خوف ہو جائے گا۔“ اسی حدیث شریف پر عمل کر رہا ہوں۔“ یہ سن کر مامون بے حد متاثر ہوا اور اپنے ایک خادم کی طرف اشارہ کیا تو وہ اچانک ایک ہزار دینار ایک رومال میں باندھ کر لایا۔ مامون نے اس کو ہدبہ بن خالد کی خدمت میں بطور نذرانہ پیش کر دیا۔ تو ہدبہ بن خالد نے فرمایا: ”یہ اسی حدیث شریف پر عمل کرنے کی برکت ہے۔“ (روحانی حکایات، ج:۱، ص:۶۳)

***

امام اسحاق بن راہویہ رحمۃ اللہ علیہ

امام اسحاق بن راہویہ رحمۃ اللہ علیہ کا حافظہ غیر معمولی اور یادداشت حیرت انگیز تھی۔ ابن حبان، خطیب بغدادی اور ابن عساکر وغیرہ نے حافظہ میں ان کی جامعیت کا اعتراف کیا ہے۔

علامہ ابن حزیمہ فرماتے ہیں کہ اگر اسحاق تابعین کے عہد میں ہوتے تو وہ لوگ بھی ان کے حافظہ کے معترف ہوتے۔ قتیبہ بن سعید کا بیان ہے کہ خراساں کے نامور حفاظ میں اسحاق بن راہویہ اور ان کے بعد امام دارمی اور امام بخاری تھے۔ ابو یحییٰ شعرانی کہتے ہیں کہ میں نے ان کے ہاتھ میں کبھی کتاب نہیں دیکھی۔ وہ ہمیشہ یادداشت سے حدیثیں بیان کیا کرتے تھے۔

ان کا خود بیان ہے کہ میں نے کبھی کوئی چیز قلم بند نہیں کی۔ جب بھی مجھ سے کوئی حدیث بیان کی گئی، میں نے اسے یاد کر لیا۔ میں نے کسی محدث سے کوئی حدیث کبھی دوبارہ بیان کرنے کے لئے نہیں کہا۔ یہ کہنے کے بعد انھوں نے پوچھا: ”کیا تم لوگوں کو اس پر تعجب ہے؟“

لوگوں نے کہا: جی ہاں! حیرت انگیز بات ہے۔

انھوں نے کہا: میں جس چیز کو ایک مرتبہ سن لیتا ہوں، وہ مجھے یاد ہو جاتی ہے۔ ستر ہزار سے زیادہ حدیثیں ہر وقت میری نگاہ کے سامنے رہتی ہیں اور میں ان کے متعلق بتا سکتا ہوں کہ وہ کتاب میں کس جگہ ہیں۔

ابو داؤد خفاف کی روایت کے مطابق انھوں نے ایک لاکھ حدیثوں کے متعلق کہا کہ وہ میری نظر کے سامنے ہیں۔ میں ان کا مذاکرہ کر سکتا ہوں۔

ایک دفعہ انھوں نے گیارہ ہزار حدیثیں زبانی املا کرائیں اور پھر جب دوبارہ کتاب سے ان کی قرأت کی تو ایک لفظ کی بھی کمی یا بیشی نہ نکلی۔

احمد بن سلمہ کہتے ہیں کہ انھوں نے پوری مسند کا زبانی املا کرایا۔

ابو حاتم رازی نے ابو زرعہ سے اسحاق بن راہویہ کے حفظ اسانید اور متون کا ذکر کیا تو انھوں نے کہا کہ ان سے بڑا کوئی حافظ حدیث نہیں دیکھا گیا۔ احمد بن سلمہ نے ابو حاتم کو بتایا کہ انھوں نے یادداشت سے اپنی تفسیر کا املا کرایا ہے تو ابو حاتم نے کہا یہ اور بھی حیرت انگیز بات ہے۔ کیونکہ مسند حدیثوں کا ضبط، تفسیر کے اسناد والفاظ کے ضبط کے مقابلہ میں آسان ہے۔

امیر خراسان عبد اللہ بن طاہر نے ایک مرتبہ امام اسحاق بن راہویہ رحمۃ اللہ علیہ سے کوئی مسئلہ دریافت کیا۔ انھوں نے فرمایا کہ: "اس کے متعلق سنت یہ ہے اور یہی اہل سنت کا قول ہے۔ لیکن امام ابو حنیفہ اور ان کے تلامذہ کی رائے اس سے مختلف ہے۔"

انھوں نے جواب دیا کہ: "مجھے یہ مسئلہ یاد ہے۔ فلاں کتاب کا فلاں جز لائیے۔ کتاب لائی گئی تو ابن طاہر نے اس کو الٹنا شروع کیا۔"

اسحاق بن راہویہ نے کہا: " امیر المومنین! گیارہویں ورق کی نویں سطر میں ملاحظہ فرمائیے۔" چنانچہ اس کے اندر وہ مسئلہ اسحاق بن راہویہ کے بیان کے عین مطابق نکلا۔

امیر نے کہا، ہمیں معلوم تھا کہ آپ کو مسائل ازبر ہیں۔ لیکن حافظہ کا یہ مشاہدہ ہمارے لئے یقیناً حیرت انگیز ہے۔ (تذکرۃ المحدثین، حصہ اول، ص:۱۱۵)

***

حضرت شاہ عبد العزیز محدث دہلویؒ

(ولادت:۱۱۵۹ھ۔وفات:۱۲۳۹ھ)

حضرت شاہ عبد العزیز محدث دہلوی مجمع فیوض سبحانی اور منبع علوم روحانی ہیں۔ آپ دریائے معرفت اور گوہر کان حقیقت ہیں۔

آپ علوم ظاہری و باطنی میں بے نظیر تھے۔ فضل و ہنر میں بے عدیل تھے۔ لطف و کرم میں بے مثال تھے۔ علم و عمل میں بے مثل تھے۔ آپ کو خاتم المفسرین اور امام المحدثین کہا جاتا ہے۔ آپ صرف ایک صاحب دل بزرگ ہی نہ تھے بلکہ آپ ایک بلند پایہ محدث مفسر و فقیہہ تھے۔ آپ کو مرجع علماء و مشائخین ہونے کا فخر حاصل تھا۔ آپ کو فنون عقلیہ و نقلیہ اور علوم متداولہ پر انتہائی عبور تھا۔ آپ کثرت تحفظ علم تعبیر رویا، وعظ، انشاء، نجوم، تحقیقات نفائس علوم، مذاکرہ و مباحثہ میں ممتاز و مشہور تھے۔ آپ عالم با عمل تھے۔ آپ صاحب تقویٰ، صاحب فہم و ذکاء، صاحب فراست، صاحب دیانت، صاحب امانت اور صاحب ولایت تھے۔ آپ کے فتوے مشہور ہیں۔

مسٹر مٹکاف ایک پادری کے ہمراہ حضرت شاہ عبد العزیز کی خدمت میں حاضر ہوئے اور وہاں یہ شرط ٹھہری کہ اگر پادری ہار گیا تو وہ دو ہزار روپئے آپ کو دے گا اور اگر آپ ہار گئے تو آپ کی طرف سے دو ہزار روپئے مسٹر مٹکاف پادری کو دیں گے۔

پادری نے سوال کیا: ''تمہارے پیغمبر حبیب اللہ ہیں۔ تمہارے پیغمبر (ﷺ) نے بوقت قتل امام حسینؓ، اللہ سے فریاد نہ کی۔ حالانکہ حبیب کا محبوب زیادہ محبوب ہوتا

ہے۔ خداوند تعالیٰ ضرور توجہ فرماتا۔"

حضرت شاہ عبدالعزیز نے جواباً فرمایا: "ہمارے پیغمبر (ﷺ) واسطے فریاد کے تشریف لے گئے تھے۔ مگر پردۂ غیب سے آواز آئی: "ہاں! تمہارے نواسے پر قوم نے ظلم وستم کیا اور شہید کر دیا۔ لیکن ہمیں اس وقت اپنے بیٹے عیسیٰ کا صلیب پر چڑھنے کا غم تازہ ہو گیا ہے۔" پس یہ سن کر ہمارے پیغمبر خاموش ہو رہے۔"

اس جواب سے پادری لاجواب ہو گیا اور دو ہزار روپئے بمطابق شرط آپ کو پیش کئے۔

(دلی کے بائیس خواجہ، ص:۲۵۸)

ایک سوداگر نے دہلی سے روانہ ہوتے وقت اپنی بیوی سے کہا کہ "اگر تم اپنے باپ کے گھر جاؤ گی تو تم کو میری طرف سے طلاق ہے۔"

جب سوداگر اپنے گھر واپس آیا تو اس کو معلوم ہوا کہ اس کی بیوی اپنے باپ کے گھر گئی تھی۔ اس نے علماء سے فتویٰ طلب کیا۔ علماء نے فتویٰ دیا کہ طلاق ہو گئی۔

جب وہ شخص آپ کے پاس آیا تو آپ نے فتویٰ دیا کہ: "جب اس عورت کا باپ مر گیا، تب وہ گئی۔ اس صورت میں وہ گھر اس کے باپ کا نہ رہا بلکہ وہ گھر عورت کا ہو گیا۔ پس وہ اپنے گھر گئی نہ کہ باپ کے۔" سب علما نے آپ کی رائے سے اتفاق کیا۔ (دلی کے بائیس خواجہ، ص:۲۵۸)

حضرت شاہ عبدالعزیز محدثؒ کے پاس ایک پادری آیا اور سوال کیا: "حضرت! ایک سوال مجھے بہت دنوں سے پریشان کر رہا ہے۔ اگر آپ اس کا جواب عنایت فرمائیں تو بڑی نوازش ہو گی۔"

آپ نے فرمایا: "پوچھو۔"

پادری نے سنجیدگی سے کہا: ”ایک شخص استراحت فرمارہا ہے۔ یوں جانیے کہ سورہا ہے۔ اس کے پاس ایک دوسرا شخص بیٹھا ہوا ہے۔ اس عرصے میں ایک بھولا بھٹکا مسافر وہاں آتا ہے۔ اسے راستے کی تلاش ہے۔ اب بتائیے کہ وہ راستے کی رہبری کس سے حاصل کرے، جو سورہا ہے اس سے یا جو بیدار ہے اس سے ؟“

محدث دہلوی فوراً سمجھ گئے کہ پادری کیا چاہتا ہے۔ آپ نے اندازہ لگالیا کہ سوئے ہوئے شخص سے پادری کی مراد رسول مقبول ﷺ ہیں جو کہ مدینہ منورہ میں آرام فرما ہیں اور بیدار شخص سے مراد حضرت عیسیٰ علیہ السلام ہیں جو چوتھے آسمان پر تشریف فرما ہیں۔

آپ نے ایک نظر پادری پر ڈالی اور پھر فرمایا: ”حیرت ہے ! اتنی سی بات آپ کی سمجھ میں نہ آسکی۔ صاف ظاہر ہے کہ مسافر راہ نمائی اس سوئے ہوئے شخص سے حاصل کرے گا۔ کیونکہ پاس بیٹھا ہوا شخص خود اس بات کا منتظر ہے کہ سویا ہوا شخص جاگے تو اس سے راستہ پوچھے۔“

(ماہنامہ پاکیزہ آنچل، فروری ۱۹۸۷ء، ص: ۳۷)

ایک شخص حضرت شاہ عبد العزیز کے پاس کسی مصور کی کھینچی ہوئی تصویر لایا اور کہنے لگا: ” یہ تصویر جناب رسالتمآب ﷺ کی ہے۔ اسے کیا کرنا چاہئے ؟“

آپ نے فرمایا کہ: ”حضرت پیغمبر ﷺ باقاعدہ غسل کیا کرتے تھے۔ تم اس تصویر کو بھی غسل دے کر دھوڈالو۔“

ایک دفعہ ایک ہندو گاڑیبان حضرت شاہ عبد العزیز کی خدمت میں حاضر ہوا اور کہنے لگا کہ: ”مجھے ایک بات بتائیے کہ خدا ہندو ہے یا مسلمان ؟“

آپ نے فرمایا: ”جو میں کہوں اسے خوب سوچ لینا اور وہ یہ کہ اگر خدا ہندو ہوتا تو گئو

ہتیا کبھی نہ ہوتی۔"

ایک شخص نے حضرت شاہ عبدالعزیز سے مسئلہ پوچھا کہ: "مولوی صاحب! یہ طوائفیں یعنی کسی عورتیں مرتی ہیں تو ان کے جنازے کی نماز پڑھنی درست ہے یا نہیں؟"

آپ نے فرمایا کہ: "جو مردان کے آشنا ہیں تم ان کی نماز جنازہ پڑھتے ہو یا نہیں؟"

اس نے عرض کیا کہ: "ہاں! پڑھتے ہیں۔"

حضرت نے کہا: "تو پھر ان کی بھی پڑھ لیا کرو۔" (رود کوثر، ص:۵۹۱)

شاہ عبدالعزیز رحمۃ اللہ علیہ سے کسی شخص نے شکایتاً عرض کی کہ حضور آج کل دہلی کا انتظام بہت سست ہے۔ اس کی کیا وجہ ہے؟

فرمایا: "آج کل یہاں کے صاحب خدمت (ابدال دہلی) سست ہیں۔"

پوچھا کہ: "کون صاحب ہیں؟"

شاہ صاحب نے کہا کہ: "ایک کنجڑہ بازار میں خربوزے فروخت کر رہا ہے۔ وہی آج کل صاحب خدمت ہے۔"

یہ شخص اس کے امتحان کے لئے بازار گئے اور امتحان اس طرح لیا کہ خربوزے کاٹ کاٹ کر اور چکھ کر سب ناپسند کر کے ٹوکرے میں رکھ دیئے وہ کچھ نہیں بولے۔

چند روز کے بعد دیکھا کہ انتظام بالکل درست ہے۔ اسی شخص نے پھر شاہ صاحب سے پوچھا کہ آج کل کون ہیں؟

شاہ صاحب نے فرمایا کہ: "ایک سقہ ہے جو چاندنی چوک میں پانی پلاتا ہے۔ مگر ایک کٹورہ کا ایک چھدام لیتا ہے۔" یہ شخص چھدام لے گئے اور ان سے پانی مانگا۔ انھوں نے پانی دیا۔ اس شخص نے گرا دیا کہ اس میں تنکا ہے اور دوسرا کٹورہ مانگا۔

انھوں نے پوچھا کہ: "اور چھدام ہے؟"

اس نے کہا کہ: "نہیں۔"

انھوں نے ایک دھول رسید کیا اور کہا: "خربوزہ والا سمجھا کیا۔" (سچی حکایات، حصہ دوم، ص:۹۷)

حضرت شاہ عبد العزیز رحمۃ اللہ علیہ کے ایک شاگرد کو غسل کی حاجت ہو گئی۔ اس ڈر سے کہ کہیں غیر حاضری نہ ہو جائے وہ جلدی سے مدرسہ پہنچ گیا اور اسے غسل کرنا یاد نہ رہا۔

جب وہ دروازے پر پہنچا تو شاہ صاحب کی نظر پڑی۔ آپ نے سبق بند کر کے اس طالب علم کو وہیں روک لیا اور شاگردوں سے کہا کہ آج تفریح کے لئے دل چاہتا ہے۔ چنانچہ سب کو لے کر دریا کے کنارے پہنچے۔ پھر فرمایا کیوں نہ ہم غسل کر لیں۔ چنانچہ سب نے غسل کیا۔ اس طالب علم نے بھی غسل کیا۔

پھر شاہ صاحب نے فرمایا کہ: "آؤ بھئی! سبق پڑھا دیں تا کہ ناغہ نہ ہو۔"

وہ طالب علم اس حکمت عملی پر حیران رہ گیا۔ (باادب بانصیب، ص:۱۵۴)

***

امام ازہر سمان رحمۃ اللہ علیہ

مشہور عباسی خلیفہ ابو جعفر منصور ایک مرتبہ بصرہ گئے ہوئے تھے وہ جتنے دنوں وہاں رہے، وہاں کے مشہور محدث حضرت ازہر سمان کے حلقہ درس میں ضرور شریک ہوا کئے۔

اتفاق سے کچھ ہی دنوں بعد ان ہی منصور کو دنیائے اسلام کی حکمرانی حاصل ہو گئی۔ ازہر سمان کو موقع ہاتھ آ گیا۔ فوراً ایک درخواست لے کر حاضر دربار ہو گئے، جس میں انھوں نے لکھا تھا: ”میرا مکان گر گیا ہے اور چار ہزار کے قریب قرضدار بھی ہو گیا ہوں۔ اس کے علاوہ لڑکے کی شادی بھی کرنی ہے۔ لہٰذا بارہ ہزار روپۓ کی اگر سرکار سے امداد ہو جائے تو بڑا کرم ہو گا۔“

منصور، ازہر سمان کو فوراً پہچان گئے۔ بڑے تپاک سے پیش آئے اور فوراً بارہ ہزار روپۓ دلوا دئے۔ مگر ساتھ ہی یہ ہدایت بھی کر دی کہ اب آئندہ ایسی درخواست لے کر نہ آیئے گا۔

پورے ایک سال کے بعد یہ پھر آ پہنچے۔ منصور بولے: ”میں نے پچھلے سال ہی آپ کو منع کر دیا تھا۔ اب کیوں آئے؟“

کہنے لگے: ”جی! اور کچھ نہیں۔ صرف سلام کرنے کے لیے حاضر ہوا ہوں۔“

منصور چھوٹتے ہی بولے: ”سلام کرنے کیا آئے ہیں۔ کچھ لینا ہو گا؟ پھر خود ہی کہا:

”اچھا! بارہ ہزار روپۓ لے جایئے۔ مگر دیکھئے، اب سلام کرنے کبھی نہ آیئے گا۔“

تیسرے سال یہ پھر آ پہنچے۔ منصور بڑے لال پیلے ہوئے اور کہنے لگے: "میں نے تو اتنی تاکید کے ساتھ آپ کو یہاں آنے سے روک دیا تھا۔ مگر آپ نہیں مانے اور پھر چلے آئے۔"

از ہر بے ساختہ بولے: "کیا عرض کروں؟ آپ کی علالت کی خبر سن لی تھی۔ جی نہیں مانا اور عیادت کے لئے چلا آیا۔"

منصور یہ سنتے ہی ہنس پڑے اور کہنے لگے: "افسوس! آپ مانگنا نہیں چھوڑتے۔ اچھا، یہ بارہ ہزار روپئے اور دیئے دیتا ہوں۔ مگر مہربانی فرما کر اب عیادت کے لئے بھی نہ آیئے گا۔"

چوتھے سال یہ پھر آ پہنچے۔ منصور نے تعجب سے پوچھا: "بھائی! اب کیسے آنا ہوا؟"

کہنے لگے: "مجھے معلوم ہوا تھا کہ آپ کو دعائیں یاد کرنے کا بہت شوق ہے۔ مجھے بہت سی اچھی اچھی دعائیں معلوم ہیں۔ بس یہی خیال کر کے کہ لاؤ آپ کو بھی وہ دعائیں بتلا آؤں، اس لئے چلا آیا۔"

منصور بے ساختہ بولے: "ہاں! مجھے ایسی دعا معلوم کرنے کی ضرورت ہے، جس کے پڑھنے کے بعد آپ کی صورت مجھے دوبارہ دیکھنے کو نہ ملے۔"

اچھا! بارہ ہزار اور لیتے جایئے اور اب جب بھی آپ کا جی چاہے آ جایا کیجئے۔ میں آپ کو منع کرتے کرتے تھک گیا مگر آپ آتے آتے نہیں تھکے۔ (اسلامی تاریخی کہانیاں، ص: ۱۱۰)

٭ ٭ ٭

امام ابوزرعہ رحمۃ اللہ علیہ

(ولادت:۲۰۰ھ۔وفات:۲۶۴ھ)

حضرت ابوزرعہ کے استاد ابو بکر فرماتے تھے کہ میں نے ابوزرعہ سے بڑھ کر کوئی حدیثوں کا حافظ نہیں دیکھا۔ ایک مرتبہ ایک شخص کے منہ سے نکل گیا کہ ابوزرعہ کو ایک لاکھ حدیثیں زبانی یاد نہ ہوں تو میری بیوی کو طلاق ہے۔ اس شخص نے آپ کے پاس آکر صورت حال بیان کی۔ تو آپ نے فرمایا کہ: "تم اپنی بیوی کو اپنے پاس ہی رکھو اور مطمئن رہو کہ مجھے ایک لاکھ سے زائد حدیثیں زبانی یاد ہیں۔"

ایک بار امام احمد بن حنبلؒ نے فرمایا کہ: "میرے علم میں صحیح حدیثوں کی تعداد سات لاکھ ہے اور یہ جوان (ابوزرعہ) ان میں سے چھے لاکھ حدیثوں کو زبانی یاد کر چکا ہے۔"

ابوزرعہ اور ابو حاتم رازی دونوں خالہ زاد بھائی تھے اور ابو حاتم رازی کی جلالت علم سے کون واقف نہیں؟ یہی ابو حاتم رازی اعلانیہ کہا کرتے تھے کہ: "میرے علم میں مشرق و مغرب کا کوئی بھی محدث ایسا نہیں ہے جو حدیثوں کو پہچاننے میں ابوزرعہ کا ہمسر ہو سکے۔"

ابوزرعہ خود بھی فرمایا کرتے تھے کہ: "مجھے ایک لاکھ حدیثیں اس طرح یاد ہیں، جس طرح کسی شخص کو سورۂ قل ھو اللہ شریف یاد ہو۔"

(اولیائے رجال الحدیث، ص:۷۱)

حضرت ابوزرعہؒ بلاشبہ اپنے زمانے کے امام المسلمین اور امیر المومنین فی الحدیث

ہیں۔ علم و عمل کے اعتبار سے یقیناً آپ ایک خدارسیدہ بزرگ و صاحب کرامت ولی ہیں۔ وقت وفات تو آپ سے ایک ایسی عجیب و غریب کرامت صادر ہوئی جو عدیم المثال ہے۔

آپ سکرات موت و جاں کنی کے عالم میں تھے اور اس وقت آپ کے پاس ابوحاتم رازی و محمد بن مسلم و منذر بن شاذان وغیرہ بہت سے محدثین حاضر خدمت تھے۔ ان لوگوں کو خیال آیا کہ آپ کو کلمہ طیبہ کی تلقین کرنی چاہئے۔ مگر ابو زرعہ کی جلالت شان کے سامنے کسی کی ہمت نہ پڑتی تھی کہ آپ کو کلمۂ طیبہ کی تلقین کرسکے۔

آخر سب نے سوچ کر یہ راہ نکالی کہ تلقین والی حدیث کا تذکرہ کرنا چاہئے تاکہ ان کو کلمہ طیبہ یاد آجائے۔ چنانچہ محمد بن مسلم نے ابتدا کی اور یہ سند پڑھی: ''حدثنا الضحاک بن مخلد عن عبدالحمید بن جعفر'' اور اتنا کہہ کر محمد بن مسلم خاموش ہوگئے اور باقی حضرات بھی خاموش ہی رہے۔

اس پر ابو زرعہ نے جاں کنی کے عالم میں ہی روایت شروع کر دی کہ: ''حدثنا بندار حدثنا عبدالحمید بن جعفر عن صالح عن کثیر بن مرۃ عن معاذ بن جبل قال قال رسول اللہ ﷺ من کان آخر کلامہ لا الہ الا اللہ۔۔۔''

اتنا ہی کہنے پائے تھے کہ طائر روح عالم قدس کی طرف پرواز کرگیا۔ پوری حدیث شریف یوں ہے کہ۔۔۔ من کان آخر کلامہ لا الہ الا اللہ دخل الجنۃ۔'' یعنی جس کی زبان سے مرتے وقت آخری کلام ''لا الہ الا اللہ'' نکلے وہ جنت میں داخل ہوگا۔ سبحان اللہ! ابو زرعہ کتنے خوش نصیب تھے اور حدیث شریف سے ان کی پاک روح کو کتنا گہرا لگاؤ اور والہانہ تعلق تھا کہ موت کی آخری سانس تک بھی علم و عمل کا ساتھ رہا۔

(اولیائے رجال الحدیث، ص:۷۲)

***

حضرت ابراہیم بن ابی رحمۃ اللہ علیہ

مشہور اور مایۂ ناز محدث حضرت ابراہیم بن ابی علیہ رحمۃ اللہ علیہ کو خلیفہ دمشق ہشام بن عبدالملک نے خراج مصر کی تولیت کا عہدہ پیش کرنا چاہا۔ مگر آپ نے یہ کہہ کر انکار فرمادیا کہ "میں اس کا اہل نہیں ہوں۔"

خلیفہ آپ کا انکار سن کر آگ بگولہ ہوگیا اور غضبناک ہو کر کہنے لگا کہ آپ کو یہ عہدہ قبول کرنا ہی پڑے گا۔ ورنہ آپ سخت سزا کے مستحق ہوں گے۔ آپ ہشام کی قہر آلود دھمکیوں کو نہایت اطمینان سے سنتے رہے۔ جب وہ خاموش ہوگیا تو آپ نے فرمایا کہ: "اے امیر المومنین! قرآن مجید میں اللہ تعالیٰ کا ارشاد ہے۔ "انا عرضنا الامانۃ علی السمٰوات والارض والجبال نابین ان یحملنھا واشفقن۔"

(ہم نے امانت کو آسمانوں اور زمین اور پہاڑوں پر پیش کیا تو ان سب نے خائف ہو کر اس بار امانت کو اٹھانے سے انکار کر دیا۔)

"اے امیر المومنین! جب بار امانت کو اٹھانے سے انکار کرنے پر اللہ تعالیٰ آسمانوں، زمین اور پہاڑوں پر ناراض نہ ہوا اور ان کو کوئی سزا نہ دی۔ تو آپ مجھ کو بار امانت اٹھانے سے انکار کرنے پر اس قدر ناراض ہو کر کسی طرح سزا دے سکتے ہیں۔"

حضرت ابراہیم محدثؒ کی یہ حقانی تقریر سن کر وہ بالکل لاجواب ہو کر خاموش ہوگیا اور اس عہدہ پر کسی دوسرے شخص کو مقرر کر دیا۔ (روحانی حکایات، ج:۲، ص:۵۶۰)

***

مولانا فرخ شاہ سرہندی رحمۃ اللہ علیہ

مولانا فرخ شاہ سرہندی علم العقول و منقول اور فقہ و تصوف کے بڑے عالم تھے۔ آپ شیخ احمد سرہندی مجدد الف ثانیؒ کے پوتے تھے۔

نہایت ذکی الفہم اور سریع الحفظ تھے۔ تمام علوم کی تکمیل اپنے والد محترم شیخ محمد سعید کی خدمت میں کی۔ حج و زیارت سے فارغ ہونے کے بعد درس و تدریس میں لگ گئے۔ بہت سے علما اور مشائخ نے آپ سے استفادہ کیا۔

ان کے حافظے کے متعلق محسن بن یحییٰ نزہتی، الیانع الحسینی میں تحریر فرماتے ہیں کہ: ''ستر ہزار احادیث نبویہ کو مع ان کے اسناد، نیز مع راویوں کے جرح و تعدیل کے یاد کیا تھا اور احکام فقہ میں درجہ اجتہاد حامل ہو گیا تھا۔''

(اسلاف کرام کے حیرت انگیز کارنامے، ص:۱۰۵)

* * *

امام اسحاق بن بہلول رحمۃ اللہ علیہ

امام اسحاق بن بہلولؒ حفظ و ضبط اور صدوق و ثقاہت میں بڑے ممتاز تھے۔ اسی لئے علما فن نے "الحافظ" کہا ہے۔ ابن صاعد کا بیان ہے کہ تقریباً پچاس ہزار حدیثیں انھوں نے زبانی یاد کیں۔ مگر کوئی غلطی سرزد نہ ہوئی۔

خطیب اور حافظ ذہبی لکھتے ہیں: "وکان ثقہ "یعنی وہ ثقہ و معتبر تھے۔"

عبد الرحمن نے اپنے والد ابو حاتم سے ان کے متعلق دریافت کیا تو انھوں نے جواب دیا کہ وہ صدوق (بے حد سچا) تھے۔ (تذکرۃ المحدثین، حصہ اول، ص:۱۸۷)

***